ÉLOGE

DE FEU

M. LE DAUPHIN,

PERE DE LOUIS XVI.

Cui pudor, & justitiæ soror,
Et incorrupta fides, nudaque veritas,
Quando ullum invenient parem. HORAT.

A AMSTERDAM;

Et se trouve à Paris,

Chez MÉRIGOT jeune, Libraire, quai des
Augustins, au coin de la rue Pavée.

M. DCC. LXXX.

AVERTISSEMENT.

Une maladie fort longue ayant empêché l'Auteur de finir l'Eloge de Monseigneur le Dauphin avant la clôture du Concours, il a fait ensuite d'inutiles efforts pour déterminer les Juges à le recevoir. Il se consolera de cette légère disgrace, si le public moins sévere l'honore de son suffrage.

A MONSIEUR,
FRERE DU ROI.

M ONSEIGNEUR,

ENCOURAGÉ par tout ce que vous faites pour le progrès des Lettres , j'ose vous offrir l'Eloge d'un Prince qui se fit un devoir de les honorer; ce Prince supérieur à son Siècle ne dédaignait pas de faibles hommages. C'est à ce titre, MONSEIGNEUR, que je vous supplie d'agréer celui que je rends à sa mémoire; en imitant toutes ses vertus, vous m'autorisez à compter sur votre indulgence.

Je suis avec le plus profond respect,

MONSEIGNEUR,

DE MONSIEUR,

Le très-humble & très-soumis
Serviteur,

l'Abbé POISSONNIER DES PERRIERES,

ÉLOGE
DU DAUPHIN,
PERE DE LOUIS XVI.

Parmi les Grands Hommes nés pour
la gloire, ou le bonheur d'un Empire,
& dont l'histoire a déjà consacré le
nom dans les fastes de l'Univers, ou
qui n'attendent, pour être immortalisés,
que le pinceau d'un grand Maître, ba-
lancerons-nous à placer l'homme, dont
la vie entière est un modèle de talens &
de vertus, le Prince qui méditait dans le
silence la félicité d'un vaste Royaume,
mais que la mort est venu moissonner au
milieu de ses plus douces espérances ?
Quand le génie & la vertu quittent la
terre sans éclat, sans pompe, & pour

A

ainſi dire méconnus , l'Eloquence doit les venger d'un fiecle ingrat. Elle doit les enlever à la tombe , les couronner noblement aux acclamations des contemporains , & prolonger ce triomphe juſques dans la poſtérité la plus reculée. Cette eſpece d'apothéoſe litteraire , ce concert unanime d'éloges éveille l'enthouſiafme & l'honneur. De l'amour du grand homme on paſſe à celui de ſes vertus : ainſi tourne la louange d'un ſeul à l'inſtruction publique.

Quels cris d'admiration n'exciterait pas celui qui, verſé dans l'art terrible des combats , ne le ferait ſervir qu'à repouſſer l'injuſtice & à défendre ſes Peuples ? celui qui, ſage obſervateur de la Loi , maintiendrait l'autorité des Tribunaux, en donnant à la Juſtice une marche plus ſûre ? celui qui, placé ſur le premier degré du trône , n'aſpirerait à y monter que pour faire aſſeoir avec lui la religion & toutes les vertus ? en un mot, celui à la gloire duquel rien ne manquerait , ſinon celle de regner ?

Tel était, tel promettait d'être toujours Louis, Dauphin de France, Père de Louis XVI.

O ma chère Patrie! c'est sous tes auspices que j'ose aujourd'hui représenter ce Prince vraiment digne de commander, vraiment né pour la prospérité d'un Empire. Viens te prosterner avec moi aux pieds de sa statue, & ranimer tes hommages. Viens m'élever à la hauteur de mon sujet. Au souvenir de tes pertes, tu verras couler mes larmes; tu ne pourras contenir les tiennes, en revoyant sous de nouvelles couleurs l'objet le plus digne de tes regards; mais tu seras consolée, en retrouvant aujourd'hui sur le trône l'image de ses vertus sublimes.

Le bonheur de la France avait disparu avec le dernier siecle. Ces jours si beaux qui avaient illustré le regne de Louis XIV, étaient à leur déclin, & la France, long-temps rassasiée de gloire & de conquêtes, languissait sous les revers. Son génie l'avait abandonnée; ce n'était plus ce colosse magnifique & formidable qui avait étonné , subjugué l'Europe. Des échecs multipliés l'avaient ébranlé de toutes parts. Où jadis brillaient la victoire & les plaisirs, on n'appercevait plus que deuil, consternation & ruines sans majesté. La tombe s'ouvrit, & Louis le Grand y porta le poids de la gloire & des revers, & le regret des conquêtes. La France sembla respirer un moment sous un Prince dont les talens égalaient les vues profondes; mais de nouvelles secousses, de nouveaux orages & des systêmes ruineux la replongerent bientôt dans un état pire que le premier. Le commerce , l'agriculture, tout dépérissait, lorsque le mariage de Louis XV avec la fille de Stanislas, vint porter dans les esprits le calme, la joie & l'espérance. Trois années d'une administration douce & sage en firent oublier vingt autres passées dans le trouble & le malheur. Tout reprit une face nouvelle; la nation sortit brillante de l'engourdissement général où elle était tombée. Toutes les Provinces vivifiées retentirent au loin du nom d'un Prince

adoré comme père & respecté comme
Roi. Déjà trois Princesses avoient embelli
l'union de Louis & de Marie ; il ne
manquait plus à leur bonheur & à celui
de la France qu'un digne héritier du
trône. Il naquit à Versailles, le 4 Sep-
tembre de l'année 1729.

Quel doux spectacle arrête ici mes
regards ! jamais joie plus vive, jamais
transports plus bouillans ne signalerent
la naissance d'un Dauphin. D'un bout
du Royaume à l'autre, c'est un concert
d'alégresse unanime. Tous les Français
volent en foule autour du berceau de
ce royal Enfant. Tous s'empressent de
le voir, de l'admirer ; & comme si le
fourire innocent, dont il paie leurs caresses, leur annonçait ce qu'il doit être un
jour, ils lui donnent d'avance les noms
les plus flatteurs & les plus glorieux.

Je ne dirai rien des premières années
du Dauphin. Les Princes sont alors ce
que font les autres hommes, des marbres
bruts, qui attendent la main d'un Pro-
methée ou d'un Pigmalion pour entrer

dans la vie. La tendresse & la sensibilité des femmes s'exercent sur eux, soignent leurs corps délicats, & préparent le jour encore éloigné de la raison. Au sortir de leurs mains, Louis est confié à deux hommes respectables par leurs mœurs, leurs talens & leurs vertus, M. le Duc de Châtillon & l'Evêque de Mirepoix. Ils travaillent de concert à soutenir l'honneur d'un si beau choix, & à jetter les fondemens d'une bonne éducation qui, dans un Prince, fait presque toujours le bonheur ou le malheur des Peuples.

Déjà ces sages instituteurs apperçoivent dans leur Eleve un caractere doux & traitable, un esprit vif & brillant, une conception même trop facile à cet âge. Ils voient germer dans son cœur une piété solide qui doit régler toutes les actions de sa vie. Bientôt ils essaient de le porter vers l'étude, & de plier son esprit au travail. Mais la sécheresse inévitable des premiers élémens jette l'ennui dans cette ame encore neuve. Prieres, promesses, récompenses, tout est mis en œuvre pour vaincre ce dégoût. Vaine tentative : il étudie sans plaisir & travaille sans fruit. Rebuté, découragé par les premières instructions, il trouve plus commode & plus doux de s'abandonner à l'oisiveté, à la dissipation ; il s'y livre tout entier & perd le fruit de son premier travail. Comment suppléer au goût de l'étude qui manque au Dauphin ? Sages instituteurs, vous le savez, le seul remede est dans l'attente. La nature a tant de ressources ! Epions sa marche, ses retards, ses progrès, & reposons-nous sur elle du soin de former les grands hommes. Oui, ce qui cause aujourd'hui vos alarmes doit bientôt disparoître. Déjà le Prince trouve des charmes, où son enfance n'avoit rencontré que l'ennui ; il se laisse entraîner au plaisir de l'étude, en goûte les douceurs, & sent en lui cette ardeur qui ne le consumera que trop tôt.

Il est un âge où la raison vient briser tous les liens de l'enfance & faire évanouir les illusions qui l'entourent ; on sent alors tout le prix de l'existence, & le tableau des devoirs, des relations des hommes avec les Princes, & des Princes avec les hommes, commence à se former : le Dauphin touche à ce moment. Je le vois s'enfoncer peu à peu dans la retraite, se dépouiller du faste qui le suit, mesurer l'étendue de ses forces, descendre dans son cœur, & concevoir le projet, nouveau pour un Prince, de refaire lui-même son éducation. Il examine tous les principes qui doivent lui servir de base, discute les moyens, brave les difficultés. L'Abbé de Saint-Cyr tient le flambeau, & son Auguste Eleve marche hardiment à la vive lueur qu'il jette de toutes parts.

De toutes les qualités nécessaires à l'homme, & sur-tout à un Prince, la plus essentielle est l'amour du travail ; c'est elle qui mûrit & perfectionne les talens qu'il a reçus de la nature, qui éleve son ame, agrandit son esprit, & embellit son cœur. Le travail, en un mot, doit être l'aliment de l'homme ; sans lui, il n'existe pas, il végéte ; & en effet, qu'est-ce qu'un homme oisif ? C'est un homme qui n'a de commun avec ses semblables, que la forme & la vie, sans en avoir la pensée ; un homme sur qui la raison même a perdu tous ses droits ; un homme enfin que les passions tyrannisent à leur gré ; telle une machine obéit aux ressorts qui la maîtrisent, sans sçavoir qu'elle existe. Rapprochons-le de cet autre qui, dans sa retraite, loin du tumulte & du tourbillon de la multitude, pèse toutes ses pensées & toutes ses actions dans la balance de la Justice, qui mesure les forces de son ame, recherche la cause de toutes les révolutions du globe & des changemens de mille Empires, qui remonte à l'origine des sciences & des arts, qui en parcourt rapidement la chaîne brillante, & qui veut la mêler aux autres embellissemens du trône. Avare de tous les instants de sa vie, il acquitte de jour en jour cette dette immense que tous les hommes contractent, dès qu'ils ouvrent les yeux à la lumiere, celle du travail. Le Dauphin se croyant soumis à la loi commune, s'abandonne à l'étude avec une ardeur incroyable ; il ne ressemble point à ces hommes qui courent de livres en livres, d'études en études, & qui confondant tout ce qu'ils apprennent avec ce qu'ils défirent fçavoir, ne remportent de leurs occupations trop variées, que des mots & quelques anecdotes. Le Dauphin met de l'ordre dans fes progrès, & s'avance avec méthode dans la vafte étendue des fciences. D'abord il relit les anciens auteurs latins dont tout le monde parle & que peu d'hommes entendent. Cicéron, Virgile, Horace, Tite-Live, Salufte, deviennent fes livres favoris. Leur langue lui eft déjà auffi familiere que la fienne. Pureté de ftyle, beauté de diction, richeffe de coloris, rapidité de mouvemens, hardieffe d'expreffions, rien ne lui échappe. Il defcend à la littérature moderne, & ne s'attache qu'aux modèles de goût & de perfection. La force de Bourdaloue, le génie de Boffuet, les graces de Fénélon, l'efprit de Fléchier, la profondeur de Pafcal, l'étonnent, l'enchantent, & balancent tour-à-tour fes fuffrages. Riche des productions heureufes des langues latines & françaises, sa mémoire se bornera-t-elle à ces morceaux précieux ? Non , elle brûle de s'exercer encore sur deux langues étrangères, dont l'une est devenue pour ses graces molles & pour sa douceur, la langue des femmes, en même tems que le Tasse lui donnait de la noblesse ; & l'autre plus fière & plus hardie déployait toute sa force, sous les plumes des Pope, des Adisson, des Milton. Ce n'est pas seulement les Littérateurs étrangers qu'il consulte ; il fouille encore dans l'histoire de chaque pays, persuadé que l'homme le plus juste est celui qui est averti de sa foiblesse par les fautes des anciens ; celui que l'œil de l'histoire conduit & dirige dans toutes ses actions , enfin celui qui, après avoir embrassé le passé, se transporte dans l'avenir. Il assiste, pour ainsi dire, d'avance au tribunal des siecles, & jouit d'une gloire qu'il aspire à conquérir. Ce sentiment l'enflamme & le porte aux grandes choses.

Mais ce n'est point assez pour l'homme qui pense, de cultiver les champs de la littérature ; il a besoin de s'élever à des occupations plus solides ; il faut à son ame un travail plus noble, & plus digne de remplir l'étendue de ses idées. Est-ce dans les livres d'agrément & qui n'ont que le mérite du style & des images, que l'homme peut apprendre l'art de connoître la grandeur & l'excellence de sa nature, toutes les facultés & les ressources de son entendement ? Ceux où la morale est embellie des graces de l'imagination, où la raison aimable nous enchaîne au milieu de mille raisonnements solides, sont la véritable source où l'homme doit puiser. La vraie philosophie est la plus belle science qu'il puisse acquérir. Convaincu de la nécessité d'une étude à laquelle il se sentait entraîné, le Dauphin sacrifie le goût des agrémens frivoles, à celui du grand & du sublime ; il s'enfonce hardiment dans le labyrinthe des opinions diverses qui ont dominé sur le globe ; il recherche, à l'aide de Newton, la cause, les effets, & les changements qui s'opèrent dans la nature, monte

avec ce grand homme fur le char du fo-
leil , interroge les aftres , le ciel même ,
leur fait , pour ainfi dire , rendre compte
de leur marche orgueilleufe , & n'en re-
defcend qu'après avoir retrouvé la vérité
égarée depuis long-tems dans mille routes
obfcures. Plus le Dauphin fe livre à
l'étude de la philofophie , plus il fent
croître la force & la pénétration de fon
efprit : il eft comme dans une fphere d'ac-
tivité continuelle. Il parcourt les écrits
des Philofophes anciens ; mais leurs rêves
ne peuvent arrêter fon attention. Locke
le charme & le fait penfer. Il apprend
avec lui tout ce qui a rapport à la vo-
lonté , à l'entendement humain , & aux
autres facultés de l'ame. Mallebranche ,
dont les difciples font fi rares , depuis
que l'hiftoire naturelle a fixé les regards
de l'Europe , Mallebranche dont l'imagination vive & brillante charmera toujours fon lecteur , attache fans le féduire
l'efprit du Dauphin.

A tant de connoiffances férieufes il
veut en joindre une qui feule les vaut

toutes quand on la possède bien, la con=
noissance de l'histoire qu'on peut appeller
l'Ecole publique des Nations. C'est là
qu'il trouve, comme en dépôt, les mœurs,
les usages, les caractères des divers Habi=
tans du monde; c'est là qu'il envisage
l'homme à nud, qu'il plaint les Peuples
opprimés, & s'indigne contre les Rois
injustes : il analyse & discute les faits
les plus anciens de l'Histoire sacrée
& profane avec tant de justesse & de
sagacité, que le Président Hainaut disait :
« M. le Dauphin m'a quelquefois instruit
» en me consultant, & j'avoue qu'en
» une occasion il m'a mis en défaut.

C'est sur-tout l'histoire de sa Nation
qu'il s'applique à bien connaître. Pro=
priétés, droits, révolutions de la Monar=
chie, usages, mœurs, caractère des
Français, tout est l'objet de ses savantes
recherches, & rien n'annonce mieux l'é=
tendue de ses connoissances dans cette
partie que le plan superbe qu'il a tracé lui=
même, & dont l'exécution est confiée à
l'un des hommes les plus instruits du

(15)

ſiecle. Perſonne n'a tant approfondi les
devoirs des Rois envers les Peuples & ceux
des Peuples envers les Rois ; il marque
d'une main ſûre la ligne où finit l'autorité &
où commence la tyrannie. C'eſt ainſi qu'il
fait uſage du paſſé au profit de l'avenir, &
que la moindre lecture ſert à ſon inſtruction.

Approchez maintenant, hommes injuſtes, détracteurs amers qui demandez
ſans ceſſe : où eſt M. le Dauphin ? on ne
le voit jamais : que fait-il ? Ce qu'il fait !
il vous apprend à être homme, à exiſter
utilement. Ce qu'il fait ! le bien ſi facile à
projetter, ſi difficile à faire. Il ne s'en-
dort pas, comme vous, au ſein de l'oiſi-
veté & des paſſions qu'elle engendre ; il
les a bannies de ſon cœur, ou plutôt les a
dirigées toutes vers la vertu. Ce qu'il fait !
il la cherche avec ardeur, cette vertu ſi mé-
connue de vous, le plus beau charme
que le Ciel ait répandu ſur la terre. La
trouverait-il parmi vous, hommes vains
qui n'adorez que l'image embellie du
vice ? Ne lui reprochez donc plus ſa
retraite, où il vit en ſage, où il médite

votre bonheur, pour se venger de vos murmures.

Cependant n'allons pas mettre le Dauphin parmi ces hommes atrabilaires qui s'enfoncent dans la solitude, pour y mieux nourrir leur haine contre le genre humain: Son caractere est aussi doux que ses mœurs sont polies; mais il aime mieux travailler en silence au grand ouvrage de la félicité publique, que de se répandre en bons mots dans un cercle amusant. Il préfere les doux épanchemens du cœur auprès d'une mere aimée, ou d'une sœur chérie, aux transports indiscrets d'une joie souvent folle, & aux effusions d'un amour-propre toujours déraisonnable. En public sa conversation est sage, réfléchie; son air affable; il ne se permet plus aucune de ces allusions mordantes qui égayaient sa tendre jeunesse. Il fait triompher du penchant à la satyre, le plus difficile à vaincre. En particulier, il s'instruit avec ceux qu'il a honorés de sa confiance; il s'exerce avec ses sœurs aussi célèbres par leur tendresse, que recom-

mandables

mandables par leurs vertus, à décou-
vrir les replis du cœur les plus cachés,
& à marcher avec elles dans la recherche pénible de la vérité si souvent éloignée du trône. » Mes sœurs, leur disait-il,
» nous sommes environnés de flatteurs
» qui nous trompent & nous déguisent la
» vérité ; avertissez-moi de mes défauts ;
» je vous avertirai des vôtres.

Mais quel douloureux spectacle se
présente aux yeux du Dauphin ! Du fond
de son cabinet il parcourt tout l'Univers ;
il voit toutes les passions se heurter, se
croiser, se disputer les rangs, les honneurs, les emplois, enfin des êtres innom-
brables, mais peu d'hommes. Il voit d'un
côté le luxe, la mollesse & l'oisiveté lut-
tant avec avantage contre l'antique sim-
plicité des mœurs, contre le travail &
toutes les vertus ; de l'autre, la religion à
demi-ébranlé, tous les principes renversés. Que de périls, que de précipices
entr'ouverts sous ses pas ! Les fleurs en
couvrent les bords de toutes parts. Se laif-
sera-t-il entraîner à leur éclat ? & comme

B

mille autres, ira-t-il fe précipiter avec bruit dans ces goufres brillans ? Non : le courage de ce jeune Héros me raſſure. Marchant à la clarté de la raiſon, il repouſſe avec effort tous les traits qu'on lui lance ; chaque combat lui vaut une victoire, & bientôt fes ennemis diſparaiſſent. Mais ce n'eſt point aſſez poɯr lui de furmonter fes paſſions. Il doit pouſſer plus loin fes conquêtes ; il doit arracher à la retraite toutes les vertus exilées loin des Cours, & les montrer à la fienne, parées de leur charme inexprimable. Pour achever ce grand ouvrage, il s'apperçoit qu'il a befoin d'un fil, fans lequel toutes les routes nous égarent ; fans lequel la raiſon tombe à chaque pas. Ce fil, ou plutôt cette chaîne qui lie la terre aux Cieux, c'eſt la religion, le foutien du pauvre qu'elle confole, du riche qu'elle dépouille, du fage qu'elle conduit, & de l'ignorant qu'elle éclaire. Que d'habiles Orateurs confacrent par des éloges pompeux, la vie, les actions & les vertus des grands hommes ; qu'ils nous faſſent admirer dans l'un la probité & le défintéreſſement , dans l'autre un génie précoce & hardi. Ici le bruit des conquêtes nous étourdit ; là nous charme le récit des talens : plus loin , c'eſt un Prince pacifique & généreux, dont la mémoire nous arrache des larmes. Je vois par-tout des Guerriers, des Poëtes, des Orateurs; nulle part je n'apperçois le grand homme qui fait conſiſter la ſeule & véritable grandeur dans la pratique de la religion. Il ſemble que les Panégyriſtes des vertus mondaines rougiſſent de faire ſervir leurs plumes à l'éloge des vertus chrétiennes. Croiraient-ils donc que la religion ne fait point le mérite eſſentiel de l'homme ? ou craindraient-ils de ternir par ce beau coloris la mémoire de ceux qu'ils nous vantent ? Pour moi , dont la plume n'eſt dévouée qu'au ſervice & à la défenſe de cette religion , je croirais manquer au devoir qu'elle m'impoſe , & au reſpect qu'exigent de tout Français les mânes du Dauphin, ſi je gliſſais rapidement ſur un point qui fut la baſe & la premiere de toutes ſes vertus. Sans doute il y a eu des hommes extraordinaires par leurs talens, par leur bravoure ; mais le Dauphin l'emportera toujours sur eux, puisqu'il a été le modèle des Héros chrétiens. Il avait dès son enfance montré le germe heureux de la piété la plus tendre. Nouveau Saint Louis élevé sous les yeux de la Reine Blanche, il avait appris de sa mere à consacrer, à rapporter toutes ses actions à ce Dieu doux & terrible qui tient dans sa main les cœurs & les pensées des bons & des méchans. Ces idées se fortifiaient en lui de jour en jour par de fréquens exercices auxquels il se soumettait avec plaisir. Parvenu à cet âge, où l'homme qui pense veut tout approfondir, il ne dédaigne point d'étudier & de méditer les différentes preuves qui assurent la vérité de sa croyance. Il sait que l'étude de la religion est le premier de nos devoirs. La majesté du dogme l'étonne, l'authenticité des écritures le charme, la vérité des prophéties le ravit, la sublimité de la morale le transporte. Dans tout ce qui surpasse son entendement, c'est la foi qu'il confulte & qui le guide dans ce travail immenfe ; les preuves de fa foi lui paroiffent établies d'une maniere indubi-table dans ces livres facrés qu'il fuffit, comme dit le célébre Evêque de Meaux, de lire pour aimer & d'aimer pour croire. La tradition conftante des Pères de l'E-glife diffipe jufqu'à fes moindres doutes, & il préfère leur autorité à celle de ces Philofophes modernes qui, non contens de tout renverfer, de tout détruire, voudraient plier tout l'Univers à des opinions fans preuves & plus incroyables que les dogmes qu'ils rejettent. Le Dauphin ne voit dans leurs écrits que des affirmations vagues, des conféquences abfurdes. Il y voit le trône & l'autel abbattus , les idées de bien & de mal , de vice & de vertus entiérement confondues , la religion & l'état, l'humanité même, toutes les ver-tus en proie au farcafme, au ridicule, & rien de fubftitué à leur place. Il y voit l'empreinte de la divinité effacée fur le front des Rois , l'intérêt perfonnel érigé en maître ; enfin des Maîtres inhu-

B iij

mains & des Peuples indociles balancés tour-à-tour entre la révolte & l'oppreſ-ſion. Tel eſt le ſpectacle hideux que forment dans l'eſprit du Dauphin ces idées nouvelles, décorées du nom pompeux de philoſophie. Il en eſt épouvanté, & ſe propoſe de terraſſer un jour l'incrédulité, monſtre formidable qui ſéme par-tout la terreur & la mort.

Plus le Dauphin étudie ſa religion, plus il y trouve de charmes & de douceurs. Il ſent vivement qu'elle eſt ſeule capable de faire le bonheur & la gloire des hommes ſur la terre, ſur-tout d'embellir la vie des Princes & des Rois. Un Prince, maître abſolu de ſes paſſions, apprenant ſur lui-même l'art difficile de bien commander aux autres, ne recherchant dans ſon autorité que le plaiſir de relever l'innocence opprimée, dans ſon rang que la gloire de donner l'exemple des vertus à un peuple chéri ; un Prince ennemi des flatteurs, ſourd à la calomnie, inflexible dans ſes devoirs, environné de tous les vices, & n'accueil-

lant que la droiture, la franchise & la
justice, un tel Prince paraît être au
Dauphin le plus riche tableau que puis-
fent offrir à la terre, la vertu & la religion. Tel est aussi le modèle qu'il se pro-
pose de suivre ; les journées d'un homme
aussi parfait lui semblent préférables aux
années glorieuses des plus célèbres conquérans ; ces derniers sont quelquefois
des héros d'un jour, le premier l'est de
toute sa vie. Delà ces exercices ~~~~~~, ~religieux~
ces méditations fréquentes, ces lectures
saintes qui nourrissent sans cesse la piété
du Dauphin. Politiques frondeurs, sus-
pendez vos traits calomnieux. Vous pu-
bliez & vous tâchez de persuader à quelques esprits foibles, que le Prince a
plutôt les inclinations d'un solitaire, que
celles d'un Roi. Vous croyez qu'il sacrifie à sa piété tous les devoirs attachés à son rang ; abjurez une erreur
aussi grossière, & portez sur lui les regards d'un sujet soumis & vrai. Vous le
verrez partager son tems entre l'étude,
la tendresse filiale, & la prière. Ce qu'il

donne à la méditation, n'eſt pour ainſi dire qu'un ſupplément d'étude.

Ainſi s'élevait à la perfection un des hommes les plus rares & les moins connus de ſon ſiecle. Pour ſe former une idée de ſa religion, il ſuffit de rapporter ici quelques-uns de ſes entretiens avec la Reine ſa mere. C'eſt elle qui lui découvrait l'inconſtance & la fragilité de tout ce qui poſe ſur la terre ; c'eſt elle qui lui recommandait la néceſſité du bon exemple, le plus vif aiguillon pour conduire un Royaume à la gloire.

« Mon fils, lui diſait-elle, un homme
» ordinaire n'eſt comptable qu'à lui ſeul
» du bien ou du mal qu'il peut faire :
» confondu dans la foule, s'il reſte iné
» branlable, ou s'il ſuccombe aux coups
» de la ſéduction, c'eſt toujours à l'inſçu
» de ſes ſemblables ; & jamais il n'eſt
» aſſez fort pour faire triompher le vice
» ou la vertu. Mais hélas ! que votre
» fort eſt différent ! Votre naiſſance vous
» néceſſite à faire un jour le bonheur ou
» le malheur des hommes. Plus vous

» êtes élevé, plus l'exemple que vous devez
» préfenter à l'univers, exige de perfec-
» tions. Et de vos mœurs, de vos vices,
» ou de vos vertus, dépendront les
» mœurs, les vices ou les vertus de vôtre
» peuple. Souvenez-vous, mon fils,
» que l'univers, les yeux toujours fixés
» fur fes Souverains, fe complait à les
» imiter. Les Français fur-tout plus fou-
» mis, plus attachés à leurs maîtres,
» fe font un honneur, une gloire de
» vivre comme eux ; ils croyent être
» vertueux en imitant leurs vertus, &
» ne croyent point être coupables en co-
» piant leurs vices.

Telles étoient les inftructions faintes que la Reine donnait au Dauphin, & c'eft ainfi qu'elle le faifait marcher dans le chemin du véritable honneur.

Mais de combien d'obftacles & de dangers n'eft point environné l'homme public qui ne refpire que pour la religion & la vertu ? Du moins un homme ordinaire peut les furmonter, en fe dérobant aux yeux de fes femblables, & en s'enfermant dans la retraite ; mais un Dauphin n'a point cette liberté. Né pour commander à un peuple libre, mais presque toujours esclave de la mode, & tributaire de l'exemple, il doit s'expoſer aux regards de la multitude, & lui préſenter les dehors les plus doux, & le caractère le plus propre à faire des heureux. C'eſt à lui de braver les écueils qui l'entourent, de repouſſer les paſſions dont la voix enchantereſſe retentit ſouvent ſous les lambris des Rois, & de leur oppoſer ſans relâche, le bouclier de la foi & de la morale évangelique. Vivre avec des hommes rampans & vils adorateurs du vice, ſans rien perdre de ſes vertus, ne redouter ni les plaintes injuſtes, ni les ſots murmures, s'enorgueillir même des ſarcaſmes des libertins, ne voir, n'aimer que ſon devoir, & ſa religion, diſons-le ſans crainte, c'eſt dans un Prince Français le comble de l'héroïſme. Or voilà le modèle que ne ceſſe d'offrir le Dauphin ; de concert avec la Reine, il s'affermit dans ſes principes, & trouve auprès d'elle, plus de charmes que n'en promettent toutes les brillantes illusions du siecle. Aussi le traite-t-elle moins en fils qu'en ami. C'est dans son cœur sensible qu'elle verse avec confiance les peines que le vulgaire s'obstine à séparer de la grandeur, quoiqu'elles la suivent en tous lieux. C'est avec lui qu'elle cherche à se consoler de la perte des vertus & de la décadence des mœurs ; c'est elle qui le porte à se laisser attendrir sur le sort des malheureux. Enfant, on avait vu le Prince souffrir à la vue de ceux qu'opprimait la misere, étendre vers eux ses bras encore faibles, imaginer même de nouveaux moyens de multiplier les bienfaits. L'âge & l'éducation ont fortifié ces heureuses dispositions de la nature. Non content de soulager le pauvre de ses aumônes, il le console, l'exhorte à la patience, l'accueille avec bonté, le quitte de même, & lui rend ainsi l'indigence honorable. Delà ces pensions secrettes, accordées à ceux qu'une misère honteuse & timide dérobait aux regards du Public. Delà cette fimplicité noble qui rejettait toutes dépenfes fuperflues, pour en nourrir la veuve, l'orphelin, ou le brave Officier. Parlerai-je de fon refpect pour Louis XV, en qui fa tendreffe vit toujours le père le plus chéri, comme la nation y voyait le Monarque le plus adoré ? Quelle confolation pour ce bon Roi, de voir croître à l'ombre du trône celui qui promettait d'en être le foutien ; & d'offrir à l'admiration de fes peuples, celui qui était depuis long-tems l'objet de leur amour !

Mais que vois-je ? ô défaftre ! ô fpectacle douloureux ! le Dauphin en pleurs, profterné aux pieds des autels ; nos étendards humiliés, la France à genoux, éplorée, tremblante, & jetant vers le ciel des cris de défefpoir. La mort plane à Metz fur la tête de Louis XV, & va le précipiter dans la tombe avec fes lauriers. A cette vue, toute la fenfibilité du Dauphin éclate avec tranfport. Il n'apperçoit ni la couronne à demi-fufpendue fur fa tête, ni le fceptre prêt à tomber en fes mains. Il ne voit que fon père accablé fous le glaive de la douleur, & courbé fur l'abyme du tombeau ; il ne voit que le malheur de la France. « Pauvre peuple, » s'écrie-t-il, qu'allez-vous devenir ? Quel » fecours il vous refte ! Un enfant pour » Roi. Ah Dieu ! prends pitié de mon » père & de moi ».

Envain lui défend-on de pénétrer juf-qu'au lit où gémit la victime augufte ; il ne reçoit d'ordre que de fa tendreffe. Il veut revoir pour la derniere fois ce père qu'il adore, ce Roi qu'il refpecte, rani-mer de fa bouche enflammée fes levres mourantes , l'arracher à la tombe , ou s'enfevelir avec lui : mais fa tendreffe fera récompenfée ; il femble qu'elle ait fuf-pendu les fouffrances du Monarque , & commandé à la maladie. Bientôt les craintes difparaiffent , & la fanté ramene à Metz le triomphe & la joie ; tandis que le Dau-phin fe plaignait de l'ordre qui captivait fa tendreffe à Verfailles. A la nouvelle de la convalefcence du Roi, fon cœur palpite d'alégreffe , & fa bouche répéte avec toute la France l'expreffion heureuſe qui peint d'un trait & le peuple qui la donne , & le Roi qui la mérite.

Rien ne prouve mieux encore la tendreſſe filiale du Dauphin que les tranſports qu'il fit éclater , lorſque la main d'un fanatique étendit le deuil ſur la France en frappant Louis XV. Quels pleurs amers il verſa le premier jour ! Quels ſentimens il développa dans ſa lettre à l'Evêque de Verdun ! On eût dit que ſon cœur ſaignait de mille bleſſures. Le lendemain ſa joie ne fut pas moins vive en apprenant que la plaie était légère , & que les Français ne tarderaient pas à revoir l'objet de leurs plus douces affections. Qu'il était beau de voir ainſi le Dauphin porter aux pieds du Roi le tribut d'amour & de reconnoiſſance que la Nation lui devait, s'oublier lui-même pour ne s'occuper que de ſon père , s'eſtimer trop heureux d'être payé d'un ſourire , vanter par-tout la juſtice , la bonté & toutes les qualités qui rendront cher à la Franee le regne de Louis XV , ſe précipiter dans ſes bras pour lui exprimer toute fon affection & n'en fortir que pour fe jetter dans ceux d'une mère adorée ! Malheur à ceux qui verront de fang-froid ce tableau & qui n'en pleureront pas de joie !

Le danger qui venait de menacer à Metz la tête de Louis, l'âge & les difpofitions favorables du Dauphin, femblaient demander au Monarque un appui du trône par le mariage de fon fils , & c'était auffi le vœu de toute la Nation.

Sur quelle Princeffe étrangère tombera ce choix fi defiré ? O toi , que des monts altiers féparent de nous , heureufe Efpagne, paye à la France aujourd'hui le tribut de reconnoiffance qu'elle a droit d'attendre. C'eft à elle que tu dois le bonheur dont tu jouis fous l'Empire des Bourbons. Elle te demande une Princeffe aimable par fon efprit & par fon caractère, en qui les fentimens les plus nobles fe mêlent à la religion la plus pure, & dont l'extrême modeftie releve encore tous les talens. Marie-Thérefe , fille de Philippe V , offre ce brillant tableau ;

c'eſt un bien que nous revendiquons. La demande eſt faite : Philippe y conſent ; la Princeſſe a franchi les Pyrénées ; & bien-tôt une branche, jadis tranſplantée par Louis XIV , s'unit à l'un des rejetons du même arbre qui couvre aujourd'hui de ſon ombre les trois quarts de l'Europe.

Quelle ſource de bonheur & de plaiſirs va couler aux pieds de ce couple vertueux! Les cris d'alégreſſe frappent l'air de toutes parts. Les Français partagent la joie du Dauphin , qu'ils augmentent encore par les vœux les plus ardens & les plus flat-teurs. La Cour le diſpute à la ville , la ville à toutes les Provinces. Le plus riant eſpoir berce toute la Nation qui s'abandonne aux tranſports les plus doux.

O fragilité des choſes humaines ! ô re-vers inattendu! Ces cris de joie vont ſe changer en lamentations. A ces feux qui peignaient la ſatisfaction & la gaieté , ſuccèdent tout-à-coup le ſilence, l'effroi & la conſternation. La mort impitoyable s'avance aux pieds du trône , cherche ſa

victime ,

victime, éteint les flambeaux que l'hymen avait à peine allumés, frappe la Dauphine, & disparaît en couvrant ma patrie d'un voile funèbre. Telle qu'une fleur, qui transplantée du sol qui l'a vu naître se penche languissamment, & se flétrit sur une terre étrangère, Marie-Thérèse n'a fait que se montrer à la nation Française. Que deviendra le Dauphin ? Il vient de voir immoler sous ses yeux le premier objet de sa tendresse ; quel supplice pour un cœur ouvert aux premières impressions de l'amour ! Ah ! ce coup abat son courage. Il avait résisté à toutes les séductions du monde, à tous les charmes de la volupté ; mais il ne s'était pas encore fortifié contre les angoisses d'une privation si amère. L'ombre de son épouse le suit partout, fait à chaque instant couler ses larmes, & répand sur tout ce qui l'environne le deuil & l'horreur. Louis XV cependant, jaloux de concilier le bien de l'État avec les intérêts de son fils, s'occupe de remplacer l'image de ce qu'il vient de perdre par l'image de ce qu'il va lui attacher. Que fera le Dauphin ? Le verra-t-on se souftraire aux volontés de son père, aux defirs de la nation ? & comment porter dans une nouvelle union un cœur encore plein de la première ? C'eft dans cette circonftance critique qu'il rappelle toute fa religion. C'eft elle qui calme fes chagrins, qui lui montre le bien de l'Etat auquel il doit·immoler fa douleur. Dès ce moment il foufcrit aux ordres de fon père ; mais en rendant à l'objet de fes regrets un hommage digne de lui. Il exige qu'après fa mort, fon cœur foit porté auprès de celui de fa première femme, & bientôt une Princeffe, née pour embellir le diadême, paffe de la Cour de Pologne à celle de France, où elle s'efforce d'effuyer les larmes du Dauphin, en même tems qu'elle lui rappelle Marie-Thérèfe par fes vertus.

Ici je vois la France & l'Europe même tourner fur cette alliance des regards étonnés. On fe demande par-tout : comment pourra vivre à la Cour celle dont le père a détrôné le père de notre Reine ?

comment gagnera - t - elle l'affection du Dauphin ? quel nouveau plan de politique a déterminé le Roi à rechercher cette Princesse ? Mais, pendant que le courtisan raisonne, que le peuple examine, Dieu agit, se joue des intérêts humains , & fait tout mouvoir selon ses décrets im-muables. Il avait rassemblé dans la fille de Frédéric Auguste, tout ce qui peut rendre un sexe l'ornement de l'autre ; esprit agréable , cœur vertueux , caractere liant, graces naturelles , talents cultivés. Tant de belles qualités lui concilient la bienveillance de sa nouvelle famille. L'hé-ritier du trône a trouvé en elle l'épouse la plus propre à le partager ; la Cour ap-plaudit à cet heureux choix, & le peuple enchanté fait retentir au loin sa joie & ses acclamations.

Le Dauphin va-t-il maintenant perdre son tems dans le plaisir & les douceurs de l'hymen ? Français, vous ne le croyez pas, & vous rendez justice à la grandeur de son ame. Plus il avance en âge, plus il sent le poids de ses devoirs & le prix de ses occupations. Tantôt il s'entretient avec la Dauphine de tout ce qui peut contribuer au bonheur de sa vie. Tantôt retiré au fond de son cabinet , il descend en lui-même , & voit en tremblant qu'il doit un jour avoir un grand peuple à commander , des intérêts à défendre, des droits à soutenir. Il faut donc connaître à fonds la science du Gouvernement & l'Art militaire. Le Dauphin s'en occupe avec ardeur ; il rougirait de voir son nom confondu parmi les noms de ces Princes qui font plus souvent les fardeaux que les conducteurs d'un Empire. Il ne travaille qu'à conduire le sien au bonheur & à la gloire. C'est à ce prix que les rênes d'un État ont pour lui des charmes. Il sait que la guerre, funeste aux Rois qu'elle outrage , comme aux sujets qu'elle opprime , est quelquefois inévitable ; & que la Justice , non sans gémir, l'a souvent marquée de son sceau. Delà cette connoissance profonde de la tactique , qui l'aurait placé au rang des plus habiles Généraux , si l'État permettait à un Dauphin de s'exposer comme eux. Avec quelle avidité il embrasse tous les détails militaires ! Comme il faifit les proportions des parties, l'enfemble du tout ! Comme il applique les meilleures regles, écarte les abus, & fe place par fa pénétration entre Fabius & Céfar ! Nul ne fait mieux affeoir un camp, attaquer une ville, défendre une hauteur, ni retirer d'un pofte tout l'avantage qu'il peut offrir ; auffi, difait ce Maréchal célebre, qui a tant de fois étonné l'envie & le Rhin de fes fuccès : » il n'a manqué à M. le Dauphin, » que l'occafion pour fe montrer un » des plus grands héros de fa race. Affable avec le Soldat, gracieux avec l'Officier, il a quand il commande, les graces qui plaifent, fans bleffer la dignité qui convient ; il recueille avec modeftie les avis des Officiers les plus éclairés, s'accoutume aux exercices les plus pénibles, & fe prépare à déployer en un jour de bataille toutes les reffources de fon génie.

Mais où court le Dauphin ? où l'emporte déjà fa bravoure ? Il brûle de partager la gloire & les périls de fon père ; il n'apperçoit aucun des dangers qui

menacent sa tête. Il ne voit que l'honneur
de se signaler ; il n'aspire qu'à faire l'essai
de son courage. La guerre a déployé ses
drapeaux. Cet implacable ennemi du nom
Français, qui se pare avec fierté du titre
pompeux de Roi des mers, l'Anglais, couvre nos frontieres de ses bataillons ; l'airain
a donné le signal des alarmes, & la victoire attend Louis pour se déclarer.

Plaines de Fontenoi, bords de l'Es-
caut, illustrés par nos triomphes, de
quels traits de courage & d'héroïsme vous
fûtes témoins, & quelles leçons vous
donnâtes à ce jeune Prince, qui semblait
ne respirer que pour les combats ! Déjà
les deux armées se heurtent & présentent
un des spectacles les plus terribles qu'on
ait vu ; les flots en courroux ne se mêlent
point avec moins de bruit ; les tigres se jet-
tent avec moins de furie sur leur proie. Les
Français paraissent un moment renversés
sous les efforts d'une colonne Anglaise iné-
branlable. A cette vue le Dauphin ne sent
que sa valeur ; il oublie l'ordre du Roi qui
l'enchaîne à son poste. Le casque en tête,
l'épée nue, il s'élance comme un trait à tra-

vers nos troupes déconcertées, & d'une voix ferme, marchons, Français, dit-il, où eſt donc l'honneur de la Nation ? Louis effrayé l'apperçoit, s'en applaudit en ſecret, le rappelle auprès de lui, quand la victoire étendant ſes ailes ſur les bataillons Français, leur cède enfin les lauriers qu'ils diſputaient.

Une ſcène nouvelle ſe déploie aux yeux du Dauphin ; ces palmes qu'il ſe peignait ſi belles avant le combat, ne lui paraiſſent plus que des cyprès ; ces monceaux de morts & de mourans, les cris douloureux qui frappent l'air, achevent de l'attendrir, il ſent couler ſes pleurs, & grave en ſa mémoire ces paroles de Louis XV, *voyez, mon fils, ce que coûte une victoire.*

Rois, qui n'ambitionnez que de pouſſer au loin vos conquêtes, & qui du fond de vos palais commandez froidement le ravage, ſi vous portez un cœur ſenſible, venez contempler un champ de bataille encore fumant du ſang de vos ſujets, & oſez déſirer une gloire acquiſe à ce prix.

Le Dauphin s'apprête à moiſſonner des

lauriers plus flatteurs & plus folides. Le plaifir de commander à des peuples heureux, à l'ombre de la paix, eft plus doux pour fon cœur, que l'afpect d'un fuperbe trophée. S'il s'anime encore du feu des batailles, ce ne fera que pour relever le courage de la nation, à demi abattu par la journée de Crevelt : ce ne fera que pour développer à Compiegne, fous les yeux d'une Cour brillante, & dans un camp défendu par la paix, tous les talents qu'il a pour la guerre. En habile Ingénieur, il trace lui même le camp, préfide à tous les travaux, commande les évolutions avec la précifion d'un Maurice ou d'un Broglie, & laiffe dans l'admiration les troupes & les fpectateurs. Il ne fera point oublié ce jour où, fans efcorte, il parut tout-à-coup en uniforme au milieu du Régiment Dragon Dauphin. Voilà notre Colonel, s'écrient les foldats. Avec quelle ardeur on les voit fe raffembler en foule auprès de lui, faire voler leurs cafques, & s'abandonner à la plus vive alégreffe! Affis au milieu d'eux fur un fimple gazon ; plus content que fous le dais le plus magnifique , dépouillé d'une grandeur importune , il reçoit le tribut le plus doux & le plus agréable ; celui de l'amour & de la reconnoiffance. Il les interroge familièrement , il enflamme leur valeur , fait raconter aux uns leurs fervices ; aux autres , leurs périls & leurs malheurs , demande aux Officiers la grace de ceux que la loi avait punis la veille. « Je ne veux point , dit-il , qu'il y » ait des malheureux dans un jour qui me » caufe tant de joie ». Hiftoriens, au lieu de vous appéfantir fur de longs fièges , fur des batailles meurtrières , ne rougiffez pas de dépofer ces traits dans les annales du monde , ils vont à l'ame , & s'y gravent.

Guerrier par inclination , mais pacifique par amour des peuples , averti du danger des victoires par la cataftrophe fanglante de Fontenoi , le Dauphin n'envifage plus le bonheur d'un Empire que dans le calme des Provinces , & dans la fageffe de l'adminiftration intérieure. Dès-lors plus de repos , qu'il n'ait approfondi la

fcience du Gouvernement, des droits &
des obligations liées à l'autorité fouve-
raine : il en mefure l'étendue, en décou-
vre l'origine, en pofe les limites ; il voit
la chaîne de la puiffance attachée au trône
du Roi des Rois. C'eft-là que porté fur les
aîles de la religion, il fe profterne devant
la divinité, dont il promet d'être l'image
fur la terre : c'eft-là qu'il obferve cette
marche inimitable des corps céleftes, &
leur majeftueufe harmonie. Defcendu de
ces hautes fpéculations, il établit la juftice & la religion, pour bafe d'un bon
gouvernement ; donne à l'autorité le foin
du monde politique,& laiffe à la religion
ces doux liens qui uniffent la félicité aux
bonnes mœurs, & le plaifir à la vertu.
Le repréfenterai-je, alliant la force à la
bonté, effrayé des troubles & des malheurs nés d'un gouvernement faible,
calculant les avantages & les richeffes de
chaque Province, parcourant toutes les
branches de l'adminiftration, & méditant
avec une lenteur utile fur les deux plus
grands refforts de l'Etat; le Commerce
& l'Agriculture ?

Non content de ces notions générales, le Dauphin veut avoir une connaissance plus-étendue des loix particulières du Royaume. Il raſſemble une grande partie de ces différentes loix dans un Traité écrit de ſa main, & qu'on ne peut lire, ſans être étonné de la grandeur de ſes vues, & de la profondeur de ſes recher- ches. Il conſidère d'abord l'autorité comme une puiſſance ſuprême & perpé- tuelle qui lui donne le droit abſolu de commander, & qui eſt d'autant plus fa- vorable, qu'elle n'a pour but que le repos & l'utilité publique. La France lui paraît être de tous les Empires celui que la Pro- vidence a le plus diſtingué, & celui où le Roi a plus de moyens de rendre heu- reux ſes ſujets. Il retrace en ſa mémoire les Princes qui l'ont gouvernée le mieux, afin de régler ſa conduite ſur la leur, de profiter de leurs fautes même, & de faire monter la nation juſqu'au dernier dégré de félicité. Delà il paſſe à l'indépendance entière & abſolue de la Couronne de France. Il voit l'indiviſibilité de la puiſfance fuprême de la perfonne du Roi. Il examine l'influence de fon pouvoir fur les matières eccléfiaftiques , & cenfure judicieufement ceux qui , dénaturant cette autorité du Prince fur les chofes de la Religion , dans ce qui concerne l'ordre public , vont en rechercher la fource à l'efpèce de facerdoce , dont fon facre l'a revêtu. A ces différentes difcuffions fur les droits de la couronne, il fait fuccéder la connaiffance des charges de judicature, des offices militaires, & des emplois de Finance. Il remonte jufqu'à l'origine des offices de judicature. Il recherche dans la vénalité de ces charges, ce qu'il y a de nuifible & d'avantageux à l'Etat ; la création des Parlemens , leurs fonctions , & celles des Confeillers d'Etat : toutes les regles enfin que les Magiftrats doivent fuivre dans l'adminiftration de a juftice , font le fujet de fes vaftes études. Sans entrer dans le détail de tout ce qui concerne les devoirs militaires , il s'arrête aux différentes fortes de malverfations que peuvent commettre ceux qui en font revêtus, & les peines que les loix attachent aux délits. Il paffe en revue, à cette occafion, les fiècles de la Monarchie Françaife. Que voit-il ? la mort frapper le malheureux qui a ofé révéler aux ennemis le fecret d'une entreprife, ou qui a violé effen-tiellement la difcipline militaire. Il voit fur-tout les punitions les plus févères, prononcées dans tous les tems, contre ces lâches & vils Capitaines, qui par avarice ou par luxe, détournent à leur profit la paie & la nourriture du Soldat. Les Finances viennent enfuite remplir fes nobles loifirs ; & ce travail plus utile au bien du peuple, obtient de lui une attention toute particulière. Il fait com-bien les nouveaux fyflêmes font dange-reux dans cette partie ; il travaille à fe prémunir contre leur attrayante appa-rence. Les abus inféparables des grandes chofes, comme les défauts dans une vafte machine, n'échappent pas à fa vive péné-tration. Il en cherche le remède fans nuire à la génération préfente. Ces roues immenſes, qui tournent ſi ſouvent au profit de ceux qui en dirigent les reſſorts, & ſi peu pour le bonheur du peuple qui les meut, le Dauphin voudrait les réparer ſans les détruire & les ſimplifier ſans interrompre leur jeu. Peut-être, hélas ! ce Prince laborieux avait-il trouvé le moyen ſi vainement cherché depuis long-tems, de faire contribuer aux beſoins publics chaque individu en raiſon de ſes facultés. Nourri des principes du fameux Triptolême Français, des principes de Sully, il eſpère d'enchaîner l'abondance ſur les pas de la paix & d'ouvrir à l'État de nouvelles ſources de richeſſes.

Que d'écrits de ſa main malheureuſement perdus pour jamais, où la France lirait elle-même l'éloge de ce grand Prince, en liſant tout ce qu'il préparait à ſon bonheur ! Je ne puis paſſer ſous ſilence cette réflexion ſublime qu'on a trouvée dans une de ſes remarques ſur une partie de l'adminiſtration.

« Si l'on doit faire connaître, dit-il,
» aux hommes quelle eſt l'étendue, la

» force , & la puiſſance de la majeſté
» royale , on ne ſçaurait trop faire reſ-
» ſouvenir les Rois eux-mêmes , de la
» dépendance où ils ſont du Roi des
» Rois. Plus ils ſont élevés & puiſſans,
» plus leur juſte Juge leur demandera
» compte du pouvoir qui leur aura été
» confié. L'éclat de la couronne & l'élé-
» vation du trône enivrent ſouvent les
» ames les mieux nées. L'orgueil , l'am-
» bition , la dureté , la hauteur ſe gliſſent
» aiſément dans un cœur nourri dans le
» faſte , environné de gloire & de plai-
» ſirs, enflé par les proſpérités & les vic-
» toires. Que les exemples frappans des
» vengeances que le ciel exerce contre
» les Conquérans , la terreur du monde
» & les tyrans de leurs ſujets , ſoient tou-
» jours préſens à leurs yeux. Qu'ils ſon-
» gent qu'ils ne commandent que pour
» faire la félicité, la gloire, & le repos de
» leurs peuples ; que tout autre motif de
» leurs démarches eſt un crime aux yeux
» du ſouverain maître, & que c'eſt dans
» ſa balance redoutable, que leurs actions

» feront pefées pour recevoir enfuite une
» récompenfe d'autant plus abondante ,
» ou des châtimens d'autant plus terri-
» bles , que c'eft pour cette feule fin
» qu'ils ont été élevés au-deffus des au-
» tres mortels.

Français , le reconnaiffez-vous maintenant ce Prince vraiment grand, qui méditait dans le filence le grand œuvre de
votre félicité ; qui n'aurait cherché dans
les combats que la défenfe de la patrie ,
qui confacrait fes jours à l'étude de votre
bonheur ? Que de bénédictions , que de
profpérités , vous ont attirées les prières
de ce nouveau Saint Louis ! Ah ! toutes
fes penfées , toutes fes actions , fe diri-
geaient vers vous. Il ne voyait que Dieu
& vous. Contemplez-le au Confeil expo-
fer fes idées avec clarté , opiner avec modeftie & y donner prefque toujours l'avis
le plus fage. Dans le cabinet , il parcourt
en idée nos frontières , cherche à aug-
menter leurs forces , & l'induftrie dans
nos Ports. L'ombre des Vaubans lui ap-
paraît , lui révéle les fecrets du Génie , &

/fait

fait place à celles des Duquêne, & des du Gaitrouin, qui ont porté dans les deux mondes, avec le sceptre des mers, la gloire du pavillon Français ; il s'indigne de voir Londres insulter à Paris, de voir l'Océan se courber avec soumission sous les voiles britanniques, & dans sa noble ardeur il conçoit le projet, dont l'exécution est réservée à son fils, celui de rendre aux mers la liberté usurpée, & d'humilier l'orgueil de la Tamise.

De ces sublimes occupations, il descend aux soins de l'amitié. La sienne n'est pas celle qui se perd en protestations, ou qui marche appuyée sur l'intrigue & l'ambition, mais celle qui née de la vertu & de l'honneur, a le charme de l'un & la délicatesse de l'autre ; celle que la confiance entretient, que l'intimité resserre, & que la religion épure. Il est donc vrai qu'elle n'est pas toujours éloignée du trône, & que malgré la tourbe des flatteurs, elle suit le Souverain qui l'appelle.

C'est en parlant de législation avec le Chancelier d'Aguesseau & le Président

d'Aubert, que le Dauphin occupe ses loi-
sirs, ou dans les pieux entretiens d'une
mère tendre, ou dans les embrassemens
d'une épouse vertueuse, ou dans les caresses
de ses jeunes fils.

Parmi les amusemens de M. le Dauphin,
je ne dois point oublier celui qui rappelle
aux Rois & aux Princes l'image des
combats. Ici tous mes sens se troublent ;
j'entends des cris affreux ; je vois le Dauphin pâle, échevelé, à demi penché sur
un corps expirant, les yeux humides,
& le cœur déchiré par le chagrin. O malheur ! qu'il ne se pardonnera jamais. Il
vient de blesser à mort un de ses fidèles
Ecuyers. Lorsque toute la Cour cherche
à le consoler, il se plonge dans la douleur ; il se reproche un plaisir devenu pour
lui si barbare. Protecteur de la famille de
Chambord, il efface par mille bienfaits,
ce qu'il appelle sa tache, & pour jamais
abjure l'instrument de ses chagrins. Une
promenade à pied, quelques entretiens
avec le Comte du Muy, si connu par sa
fermeté, ou avec ce Gouverneur, dont

la Picardie s'honore aujourd'hui , & qui cache fous les dehors les plus fimples , les qualités rares de l'efprit & du cœur ; voilà les feuls délaffements qu'il fe permettra déformais.

Dirai-je comment , à l'aide de ces amis , le Dauphin connaît fi bien toutes les Provinces du Royaume , leurs intérêts divers, leurs forces refpectives ; qu'il fe fait admirer au Confeil par fes vues profondes & par fon jugement : c'eft dans leurs entretiens fréquens & familiers , qu'il fonde & qu'il dévoile les manœuvres de l'ambition , les rivalités de l'intérêt , les intrigues fecretes de la haine. Il s'applique avec eux à l'étude des hommes , dont la connaiffance eft le premier mérite des Rois. Il engage un Savant à l'aider de fes lumières dans ce travail difficile , & defcend avec lui dans les détours obfcurs du cœur humain. Point de caractères qu'il n'analyfe ; point de courtifan, dont il ne démêle les vues particulières. « Que vous » êtes heureux , difait-il à l'Abbé de » Marbeuf, de voir fouvent des hommes!

» car ceux qui le font pour vous, ne font
» devant nous que des perſonnages de
» tapiſſeries, des automates, que nous ne
» faiſons remuer que par reſſort.

Le deſſin entrait ſouvent dans ſes dé-
laſſemens, & peu de princes y ont ex-
cellé comme lui. Perſonne ne traçait
mieux le plan d'une ville, d'une forte-
reſſe, ou d'une Maiſon Royale. Satyri-
ques eſprits que le bien irrite, & qui
vous plaiſez à tirer de tout un augure
défavorable, vous craignez que ce goût
pour le deſſin n'entraîne un jour celui des
bâtimens. Venez entendre ſi vos plaintes
font fondées. « Savez-vous, diſait le
» Dauphin à l'Evêque de Verdun, étonné
» de la diſtribution ſage & de l'élégance
» noble d'un Palais qu'il venait de tracer,
» ſavez-vous ce qu'il y a de mieux dans
» mon Château? & ſans lui donner le
» temps de répondre, c'eſt qu'il ne
» ſera jamais bâti qu'en idée, & qu'il ne
» coûtera rien au peuple.

Tantôt proſterné, comme S. Louis, aux
pieds de la croix, il fait au Roi des Rois

l'hommage le plus pur de ſes honneurs, de ſes vertus, de ſa ſcience, de ſa vie même, & le ſupplie avec des larmes de tendreſſe de répandre mille bénédictions ſur le peuple Français. Tantôt ſondant les plis & replis de ſa conſcience, il pèſe ſes actions, ſes penſées au poids de cette piété ſolide qui doit les ſanctifier & les conduire. Sans ceſſe, il parle de la majeſté, de la grandeur du ſouverain Maître, du bonheur que l'on goûte à vivre ſous ſes loix, & des moyens de propager ſon culte & ſa gloire. Il interroge des Paſteurs zélés & inſtruits ſur les progrès ou ſur la fuite de la religion dans les différens départemens qui leur ſont confiés. Il eſt ſaiſi d'une ſainte vénération pour les vertus éminentes de ce Prélat, qui tant de fois terraſſa l'impiété ; qui aurait volontiers verſé tout ſon ſang pour l'honneur de ſa religion, & qu'elle m'ordonne de nommer ici, comme un de ſes plus braves défenſeurs. L'Archevêque de Paris devient bientôt l'ami du Dauphin, & le Directeur de ſa conſcience. Ils voient l'erreur répandre par-tout son venin mortel, & concertent les moyens d'en arrêter les progrès & de soutenir les antiques barrieres de l'Evangile.

Dirai-je combien de fois il a gémi de la multitude des Pauvres ? combien il a soulagé de familles infortunées ? Orphelins nombreux qui vécûtes long-tems de ses largesses, pères de famille dont il répara les malheurs, & vous, Provinces ravagées par la guerre, ou dévastées par la grêle, qui ne connûtes qu'à la mort le nom de votre bienfaiteur, approchez tous de sa tombe, & chantez une hymne à sa gloire. Venez aussi mêler vos accens, jeunes beautés qu'il arrachait à la misere, & peut-être au crime. Vous devez un hommage à ce Titus qui détournait vers vous le cours de ses revenus. Pressez l'urne où reposent ses cendres augustes, & dites avec une douleur religieuse : du haut des Cieux où tu rayonnes de gloire, veille toujours sur nous, digne rejetton de S. Louis; continue à te montrer dans ton fils, & consomme par lui la gloire d'un Royaume que tu devais gouverner.

Mais c'est trop anticiper sur nos douleurs. Nous ne touchons point à l'époque funeste, où ce Prince disparaitra de dessus la terre, nous le verrons encore cher à ses sœurs par sa tendresse, à ses enfans par ses instructions.

J'ai peint le héros volant dans les champs de Fontenoy. J'ai représenté le Prince laborieux, consacrant les jours & les nuits au bonheur d'un Etat qui le connut trop tard, l'homme religieux courbé aux pieds des Autels, travaillant à son salut, ou dans la cabane du pauvre, soulageant l'humanité défaillante ; mais le spectacle le plus doux qu'il me reste à donner aux Princes & aux Pères de famille, est celui du Dauphin présidant à l'éducation de ses fils, concourant avec la Dauphine, l'ancien Evêque de Limoges, & le Duc de la Vauguyon, à leur inspirer par l'exemple, l'amour de la vertu, le respect des loix, & le goût du travail. Il éloigne de ces jeunes fleurs, tout ce qui peut en altérer la pureté.

Comme il les cultive avec soin ! comme il les échauffe de sa tendresse ! Il les voit se pencher sur lui en signe de reconnaissance, & sourit à son ouvrage. Jamais père n'aima plus ses enfans, & n'en fut plus aimé ! On se rappelle avec plaisir le jour où ce Prince devait passer en revue les Troupes sous les murs de Compiegne. Le carrosse des jeunes Princes passait dans les premiers rangs, le Dauphin vole à sa rencontre, le fait arrêter, s'avance à la portiere, se sent pressé de leurs bras innocens. A ce tableau mille fois plus intéressant que toute la pompe des Cours, l'armée jetté un cri de joie universelle, & s'applaudit d'obéir à 'un Prince qui est en même temps le meilleur père & le meilleur Général ; mais son attachement pour ses fils ne l'aveugle point sur leurs défauts ; il les reprend avec bonté, excite leur émulation par des récompenses, & punit leurs fautes par des privations. Dirai-je quels principes religieux il grave dans leurs cœurs encore jeunes. Ce n'est point assez pour lui d'avoir placé autour d'eux des Mi-

niſtres zélés & vertueux , comme un rem‑
part inacceſſible à la féduction , il veut
les exhorter lui‑même , leur donner ſes
avis, ſes penſées , ſa religion , & en faire
des enfans auſſi achevés qu'on peut l'être,
ſur la terre où les imperfections ne quit‑
tent pas notre nature.

L'Europe connait un trait de ce héros
Chrétien que nos deſcendans n'oublie‑
ront jamais , & qu'ils propoſeront aux
Princes , comme un modèle d'humanité
& de religion. Ses enfans ont à peine
atteint l'âge de recevoir le Baptême , qu'il
les conduit lui‑même au lieu de cette
auguſte cérémonie. Depuis long‑temps il
leur avait fait enviſager ce jour , comme
le plus beau de leur vie. Après les avoir
liés pour jamais à l'Egliſe , & rangés ſous
les divins étendards , il leur préſente le
Livre de vie , où les nouveaux fideles
ſont inſcrits. Les noms de quelques arti‑
ſans précédaient ceux de ces jeunes Prin‑
ces. « Mes enfans , leur dit‑il , ſachez
» que tous les noms des hommes ſeront
» un jour confondus comme ils le ſont

» ici ; que tous sont égaux aux yeux du
» Souverain Juge , & que peut-être ces
» noms communs que vous voyez ici, lui
» feront plus agréables que les vôtres !

Pères & mères , Rois & Princes , quel
exemple vous donne ce héros chrétien.
Chaque trait de sa vie est une leçon aimable. Il semble qu'il invite au bien sans
effort , & que ses désirs passent rapidement dans l'ame de celui qui le con-
temple.

Nous touchons au terme fatal de la
vie de ce grand Prince. Et c'est ainsi
que rien n'est durable en ce monde,
pas même la vertu. Par quelle étrange
fatalité sommes-nous toujours condam-
nés à pleurer ce que nous venons d'admirer ? Un Conquérant ébranle les
Etats, sauve sa patrie, sent les lauriers
péser sur sa tête , & voit la terre
s'ouvrir pour l'appeller à la tombe.
Celui qui sçavait nous entraîner par le
charme irréfistible de son éloquence, n'est
plus qu'un faible monceau de poussière
inanimé. Tout tombe, ou sous l'effort du

tems, ou sous la faulx de la mort ; ce qui échappe à l'un devient la proie de l'autre. Faibles humains ! quelle distance osez-vous donc établir entre un berceau & une tombe ? Voyez rouler les siécles , & dites-moi s'ils font autre chose que de passer de l'un à l'autre. Votre destinée est encore plus courte. N'entendez-vous pas déjà le tombeau s'ouvrir fous les pas du Dauphin ? Il est prêt d'y descendre , & la France va perdre le modèle des hommes, des Princes , & des Héros chrétiens. Cependant quel avantage aurait-il retiré de tant de connaissances , de tant de travaux & de tant de vertus ? Un peu de gloire ? en est-il pour le juste sur la terre ? Le bien de son peuple ? Mais l'ingratitude qui se traîne sur les traces de la bienfaisance , ne l'aurait-elle pas diminué de moitié dans l'opinion publique ? Le triomphe de la religion ? Ah ! sans doute & c'est le premier motif qui lui faisait désirer une plus longue vie , & c'est le seul qui soutienne aujourd'hui son courage.

O religion sainte , qui ayez élevé ma

jeuneſſe à l'ombre de votre ſanctuaire, qui devez me compter un jour au nombre de vos Miniſtres ſacrés ! c'eſt vous que j'implore ardemment, daignez guider ma main jeune & tremblante dans le tableau touchant que je vais tracer aux yeux de ma patrie. Je renouvelle toutes vos douleurs en vous rappelant un de vos plus chers adorateurs, éternel objet de vos regrets. Puiſſent mes concitoyens, à la vûe de ce juſte expirant dans vos bras, donner des larmes à ſa cendre, & ſentir que le bonheur n'eſt que ſous vos loix !

Depuis long-tems le Dauphin portait en lui le germe de cette maladie longue & cruelle qui devait le livrer au tombeau. D'abord il reſſent des douleurs vives que ſon courage accoutumé ſupporte avec une patience admirable. Bientôt il tombe dans un état de dépériſſement qui jette la Cour dans la crainte & l'alarme. Mais hélas ! ce n'était encore que le prélude des ſouffrances qui devaient l'éprouver juſqu'au dernier inſtant. Plein de force & de courage il remplit également tous fes devoirs , donne plus d'attention à ceux de la piété , augmente fes prières , fes méditations , fa pénitence. Alors plus de relâche , le mal a fait des progrès fi rapides que l'efpoir de la France eft a-battu , & que le Dauphin n'eft plus qu'un fquelette étendu fur un lit de douleurs. O rigueur inflexible ! ni les vœux de ma patrie , ni fon défefpoir , ni les larmes d'une Cour affligée , ne peuvent fufpen-dre un moment l'ordre immuable de la Providence. Ah ! qu'a donc fait ce grand Prince , pour être ainfi tourmenté ? ou qu'avons-nous fait nous-mêmes pour le per-dre fitôt ? Qu'on fe peigne un jeune Prince dans la force de l'âge , chéri & refpecté de toute une nation , couché fur des cyprès , la mort dans les yeux , entouré d'un père , d'une mère , de fes fœurs , de fes enfans qui l'arrofent de pleurs. Qu'on fe repréfente la nation confternée , fatiguant le ciel de fes fanglots , les drapeaux du Régiment Dauphin humiliés aux pieds du fanctuaire , les foldats s'impofant eux-mêmes des pénitences & des aumônés , pour racheter la tête précieufe de leur Colonel. Les rangs , les âges , les conditions, tout eft confondu aux pieds des autels , & la prière qu'ils adreffent à l'Être Suprême , eft la preuve la plus fin-cère d'amour & de reconnaiffance. Au milieu de tant de gémiffemens univerfels le Dauphin eft le feul infenfible aux dou-leurs qui le tuent. Il s'exhorte, s'encou-rage lui même , & s'occupe encore de confoler ceux qui l'entourent. Envain effaye-t-on de le flatter de l'efpoir d'un ré-tabliffement. Il connaît fon état mieux que perfonne ; & il veut fe mettre à couvert des vaines illufions qui affiégent les mo-ribonds. Il appelle à fon fecours cette même religion qui avait fait le charme de fes jours. C'eft dans les bras de cette mère tendre , qu'il trouve fa joie même dans les fouffrances. Il demande fes en-fans , leur imprime le dernier baifer que fa bouche puiffe donner. Ses derniers avis font courts , mais ils feront chers. Chaque jour amène à ce héros chrétien de nou-velles douleurs. Il fent approcher fa der-

mière heure. Il voit sans frémir la faulx
de la mort suspendue sur sa tête ; & d'une
voix que la religion rassure , il se dit à lui-
même ces paroles si consolantes : « Partez
» mon ame , allez rejoindre votre Dieu ,
» votre souverain refuge , quittez la prison
» où vous êtes enchaînée. Voyez la cou-
» ronne de gloire briller pour les bons
» aux pieds du trône immortel. » Il expire.

O perte affreuse , irréparable ! ce n'est
que pleurs , cris , & deuil dans toute la
France. Elle reste appésantie sous le poids
de sa douleur. Le pauvre en sa cabane
ne demande que la mort , il ne veut pas
survivre à la perte du père le plus tendre. Le laboureur arrête un moment ses
travaux , & la tête appuyée sur sa char-
rue , il paye à ce grand Prince le tribut
de larmes qui lui est dû. Nous ne méri-
tions pas sans doute d'avoir un si bon
maître , s'écrie-t-on de toutes parts ,
puisque le Ciel nous l'a ravi.

Mais que vois-je auprès de l'urne où
reposent ses cendres ? La France en
longs habits de deuil , Madame la Dau-

phine , ſes enfans , tous immobiles de douleur , rendent aux dépouilles du meilleur Prince , le dernier hommage qu'il puiſſe recevoir. Ils lèvent un moment vers le ciel leurs yeux humides de pleurs ; ô ſpectacle ! ils voyent le Dauphin placé près de ce bon Duc de Bourgogne ; comme lui les trop courtes délices, & les éternels regrets de la France. Tous deux veillent de concert ſur le ſort d'un peuple, qu'ils devaient gouverner ; tous deux ſe plaiſent à verſer dans l'áme de Louis XVI, la bonté, la juſtice, & toutes les vertus qu'eux-mêmes avaient montrées à la terre.

France, relève-toi, reconnais & chéris ſur le Trône le digne fils de celui que tu as pleuré ſi long-temps.

F I N.